ÉLOGE HISTORIQUE

DU

MARÉCHAL NEY,

PRINCE DE LA MOSKOWA,

PAR

M. JULES NOLLET-FABERT.

NANCY,

GRIMBLOT ET VEUVE RAYBOIS, LIBRAIRES-ÉDITEURS,
Place Stanislas, 7, et rue Saint-Dizier, 125.

—

1852.

Nancy, imprimerie de veuve Raybois et comp.

LE

MARÉCHAL NEY [*].

SARRELOUIS (MOSELLE).

1769-1815.

Le 10 janvier 1769, une petite ville qui avait été réunie à la France par le traité de Ryswyk et qui devait

[*] L'Académie nationale de Metz avait mis au concours pour l'année 1851-1852 l'éloge historique de l'un des hommes célèbres qui ont le plus honoré le département de la Moselle, laissant aux panégyristes, la liberté du choix. Trois concurrents ont répondu à cet appel. L'examen de ces trois œuvres fut confié à une Commission de six membres : MM. *Mézières, Gosselin, Munier, Faivre, Gerson-Lévy* et *Macherez*, rapporteur [*]. Deux des concurrents avaient présenté l'éloge du Maréchal Ney. Nous donnons quelques extraits du rapport, ce qui concerne le manuscrit portant pour épigraphe : « *Uno tantum gradu* » *ego morsque dividimur* ».

« Un plan bien tracé, de l'ordre dans l'enchaînement des faits, un tableau vrai et quelquefois énergique de toutes les phases et de tous les

[*] Deux candidats ont été écartés, la Commission n'ayant pas jugé leur œuvre digne d'être mentionnée.

retourner à la Prusse par le traité de 1815, Sarrelouis (Moselle), vit naître l'un des plus illustres de nos concitoyens.

Naissance de Ney (1769).

Michel Ney, duc d'Elchingen, prince de la Moskowa, maréchal d'empire, grand'croix de la Légion-d'Honneur et pair de France, naquit pendant cette glorieuse année qui donna au monde l'empereur *Napoléon* et ses illustres lieutenants, maréchaux de France, *Lannes*, *Soult* et *Clarcke*.

Il montra de bonne heure un goût décidé pour les armes ; mais son père, soldat de la guerre de sept ans, et qui depuis, rentré dans sa ville natale, exerçait la profession de tonnelier, lui fit comprendre que le courage seul ne suffisait pas, qu'il fallait être noble pour espérer de l'avancement et qu'il devait renoncer à cette glorieuse carrière ; puis, tout en détournant son fils de ses projets militaires, il arrivait, malgré lui, à enflammer l'ardeur du jeune homme par le récit des combats auxquels il

» périls où le héros s'est immortalisé, tels sont les avantages qu'on ne
» saurait lui refuser. Les principaux traits qui caractérisent le maréchal,
» dans sa vie privée, n'ont point été oubliés. Quant à la diction, on ne
» peut contester à l'auteur un style rapide et quelquefois fleuri. — En
» résumé la presque unanimité de la Commission s'est arrêtée à un
» jugement assez favorable, et tous les membres sont convenus que
» l'auteur méritait une *mention très-honorable.* »

Par suite de cette décision, l'Académie de Metz, dans sa séance publique du 10 mai 1852, a proclamé le nom de l'auteur de ce manuscrit, M. Jules Nollet-Fabert. C'est cet éloge historique que nous publions aujourd'hui.

avait pris une part active, par le récit de cette bataille de Rosbach où il s'était distingué et dont il parlait sans cesse.

On s'occupa de l'avenir de Michel Ney, et on décida qu'il entrerait dans une étude de notaire. Mais bientôt cette monotonie, cette aridité d'études ne convinrent plus à la fougue de ce caractère, qui pressentait déjà qu'il devait et qu'il saurait commander.

Ney quitta donc l'étude de notaire pour le parquet, pensant pouvoir donner plus de cours à son incessante activité ; mais les réquisitoires ne valurent pas mieux pour lui que les contrats de vente, et, parvenu à l'âge de quinze ans, il voulut définitivement embrasser une carrière plus en rapport avec ses goûts.

Un ami de son père possédait des forges à quelque distance de Sarrelouis ; il y entra, saisit promptement toutes les complications de cette nouvelle branche d'industrie, et, n'ayant plus rien à apprendre, il ne rêva bientôt que batailles, combats et gloire.

Ses parents ne pouvaient plus contenir cette imagination ardente, presque turbulente. Enfin, après encore deux ans passés comme surveillant dans les forges de Saleck, il résigna ses fonctions, se mit en route pour Metz, où se trouvait à cette époque le régiment de colonel-général hussards.

La tendresse filiale l'emporta sur son hésitation à se présenter à ses parents, et, se détournant de sa route, il vint à Sarrelouis faire ses adieux à sa famille.

L'entrevue fut pénible. Prières, menaces, reproches, larmes, tout fut inutile. Le jeune Ney pleura, mais ne se laissa pas vaincre ni attendrir par tous les sentiments qui éclataient en son âme, et, résistant aux supplications de sa famille, il partit du foyer paternel sans linge, sans vêtements, sans argent, parcourant à pied la route qui doit le conduire à son but; ses souliers sont déchirés, ses pieds meurtris, il marche avec courage et arrive à Metz le 1ᵉʳ février 1787; il avait à peine dix-huit ans.

Il s'engage (1787).

Il s'engage, se fait remarquer de ses chefs et parvient à acquérir en peu de mois une notion étendue de tout ce qu'exige son nouvel état.

D'une belle tenue, d'une grande dextérité à manier les armes, montant avec assurance les chevaux les plus dangereux, il se fit bientôt distinguer de ses camarades.

Plus tard, parlant de sa première garnison, il disait souvent aux officiers qui se vantaient d'avoir une noble origine et une riche aisance : « J'étais moins heureux que vous, Messieurs, je n'ai jamais rien reçu de ma famille; je me croyais riche quand j'avais à Metz deux pains sur la planche. »

Le bonheur qu'il goûtait à rappeler ses premiers essais dans la carrière des armes l'engageait quelquefois à en entretenir ses compagnons de fortune. Il aimait à retracer la tendresse de sa mère, les conseils que lui donnait son père (Note 1). Aussi, sachant toute l'affection de ses parents, il leur dérobait soigneusement la connaissance des dangers qu'il courait chaque jour.

Généreux, pauvre et désintéressé, les sentiments d'honneur et de délicatesse étaient si profondément gravés chez lui, qu'à peine officier, il eût rougi de profiter des chances que la guerre peut offrir de s'enrichir aux dépens de l'ennemi.

Lorsque la révolution de 1789 éclata, Ney avait obtenu l'épaulette de sous-lieutenant. Parvenu au grade de lieutenant, il fut presque aussitôt attaché au brave général Lamarche, qui l'avait apprécié et en avait fait son aide-de-camp.

La guerre était déclarée. Ney venait d'être promu capitaine au 4ᵉ hussards, qui avait remplacé le *colonel-général*. Les partis autrichiens couvraient la Belgique; Kléber, qui connaît Michel Ney, organise un corps de partisans, dont il lui donne le commandement. Il marche, s'élance au feu. Son détachement ne peut le suivre; il se jette à la tête de quelques dragons, fond sur les impériaux et parvient à enfoncer leurs carrés.

Kléber, témoin de ce brillant fait d'armes, en rendit compte au représentant Gillet, qui nomma le capitaine Ney adjudant-général chef de bataillon (Note 2).

Vers cette époque, à la tête d'un faible détachement, il se signala d'une manière toute particulière. C'était à l'armée du Nord; nos troupes combattaient contre les Anglais. Ney rencontre un escadron; il l'attaque, le disperse, et, atteignant un officier-général qui le commandait, il le somme de se rendre. Celui-ci, étourdi de la vivacité de la poursuite, du langage animé de Ney, ne cherche pas à se défendre; il aime mieux traiter : « Voici une bourse pleine d'or, prenez et laissez-moi fuir. » Cette proposition fait sourire l'officier français. L'Anglais espère et prend courage : — « Vous êtes entouré de troupes ennemies, vous allez être pris; voici de l'or;... faites mieux, restez avec nous, votre fortune est assurée; vous aurez un avancement rapide, ce sont vos princes que vous servirez. — Ah! c'est trop fort, s'écrie le capitaine, et, lui mettant la pointe du sabre sur la poitrine : De l'argent! de l'argent et une désertion! C'est vous qui allez déserter à la face de votre armée ; vous allez charger avec moi ; si vous voulez vous échapper, vous êtes mort. A moi, hussards! En avant! » Il dit, pousse son cheval, entraîne l'officier-général ennemi, renverse tout ce qui lui oppose résistance, traverse les rangs anglais, ébahis de voir un des leurs suivre un officier ennemi, et ramène au quartier général son prisonnier, étourdi de sa course. « Gardez votre or, lui dit-il, et à l'avenir, soyez plus circonspect. »

Calme au milieu de la mitraille, impassible devant le danger, Ney semble n'avoir rien à démêler avec la mort. Un officier lui rend compte d'une mission ; un boulet passe si près de lui qu'involontairement il baisse la tête, et continue toutefois son rapport sans montrer d'émotion : — C'est très-bien, s'écrie Ney ; mais, une autre fois, ne saluez pas si bas.

En 1794, au mois d'août, l'adjudant-général Ney reprend ses courses et se répand du côté de Teer. Bientôt élevé au grade de chef de brigade, il va se signaler sur la Roër et à Stockeim.

Kléber l'a chargé de prêter main-forte à Bernadotte. Ney presse le pas et s'avance sur Stockeim ; mais il n'est pas à la moitié de sa course, qu'il aperçoit des embarcations qui se hâtent et qui cherchent à gagner Maëstricht. Il distingue des roues, remarque des affûts ; il tourne bride, pousse droit à la rivière, et se dispose à les intercepter. Ses braves soldats sont à demi-nus et s'apprêtent à passer à la nage, lorsque les mariniers, n'osant courir la chance d'être enlevés, coulent leurs bateaux.

La rencontre était heureuse, elle allait le devenir plus encore. Ney avait continué son mouvement. Une flotille se dessine au loin, il ordonne à sa colonne de presser le pas. Un parti se présente aussitôt sur le rivage. Les soldats français se jettent à l'eau, atteignent les embarcations et s'établissent à bord. Par cette manœuvre hardie, Ney a empêché Maëstricht de recevoir ses approvisionnements et nous débouchons sur la Roër. Bernadotte écrit à Kléber : « J'ai beaucoup à me louer du brave Ney; il m'a secondé avec l'intelligence que tu lui connais, et je dois dire, dans l'exacte vérité, qu'il est pour beaucoup dans le succès que nous avons obtenu. »

Ney se distingue à l'affaire de la Neuss et à la prise de Dusseldorf. Kléber qui commandait notre armée, lance des bombes, un incendie terrible se déclare. La ville est dans le désordre le plus grand. Kléber appelle Ney près de lui : « Vois-tu, lui dit-il, le ravage qu'ont produit nos bombes ? Prends un trompette, vas à Dusseldorf, et signifie aux magistrats que si je n'ai pas tout à l'heure un million et la place, j'écrase tout sous mes projectiles. » Ney part, menace, effraye et fait si bien que Dusseldorf ouvre ses portes.

Le siége de Mayence allait commencer : Kléber conduisait l'expédition. Il demande de conserver Ney, le général en chef le désire près de lui; on en réfère au Comité, et le Représentant Gillet écrit : « Quant à Ney, vous déciderez si on doit le laisser à Kléber. Je le crois, pour ma part, plus utile à l'armée que devant Mayence : c'est un officier distingué, il est nécessaire auprès de notre nombreuse cavalerie ; les hommes de sa trempe ne sont pas communs. »

La question que n'osait décider le Représentant Gillet était déjà résolue. Ney avait vu avec peine l'ennemi sortir de ses murs, couronner une redoute et braver nos soldats. Le corps de siége était composé de troupes venues de l'armée du Rhin et de l'armée de Sambre-et-Meuse. Il veut montrer aux premières comment on combat. Réunissant à la hâte quelques dragons et quelques voltigeurs, il s'élance à la tête de cette colonne qui hésite et n'ose le suivre. Seul il pénètre dans la redoute ; puis il se fait jour, franchit de nouveau les fossés et s'échappe sous une grêle de balles. Mais au même instant, il est atteint au bras et la fatigue le force à se retirer du combat. Il apprit à cette époque qu'il venait d'être nommé général de brigade ; ne croyant pas avoir assez fait pour obtenir une telle distinction, il refuse. En vain on le presse, tout est inutile. Le chef d'état-major lui dit : « Si tu persistes à refuser le grade de général de brigade, je pense que tu feras bien d'en écrire à la Commission de l'organisation. » Ney suit ce conseil, et obtient à force d'instances, de conserver ses fonctions. Il se retira à Sarrelouis pour hâter sa guérison ; l'estime, la reconnaissance, le souvenir de toute l'armée, l'y suivirent (Note 3).

Dans les premiers jours de 1796, à peine guéri de sa blessure, Ney qui s'était déjà trouvé au passage du Rhin, allait se signaler à la bataille d'Altenkirchen. Il commandait l'avant-garde du général Colaud. L'ennemi avait

répandu ses troupes légères sur la Wittbach, et tenait
avec vingt à vingt-deux mille hommes les hauteurs d'Altenkirchen. Cette position, forte déjà par elle-même,
devenait inexpugnable par les troupes et la nombreuse
artillerie qui la couvraient. Kléber recourut à sa manœuvre habituelle; il résolut de la tourner et de l'aborder de
front tout à la fois. Ney fut chargé de la menacer. L'action commença le 4 juin 1796.

Elle fut vive, impétueuse; Richepance, enfant de la
Moselle, se couvrit de gloire et fut nommé général de
brigade sur le champ de bataille. De son côté, Ney ne
s'était pas borné, en répandant le désordre sur les derrières de l'ennemi, à faciliter les succès de l'attaque
d'Altenkirchen, mais il avait obtenu de grands avantages, battu les colonnes qui défendaient Schomberg et
culbuté les troupes qui couvraient Dierdorf. Pendant
deux heures, il avait lutté contre des forces nombreuses
qui se renouvelaient sans cesse; pendant deux heures,
il avait été attaqué sur son front, sur ses flancs, sur ses
derrières; mais, impassible au milieu de ce flot d'ennemis, il avait réussi, à force d'audace, de courage et
d'impétuosité, à repousser les uns et à contenir les
autres.

Poursuivant son mouvement, il poussa jusqu'à Monta-
baur, et, chargeant les troupes qui couvraient la place,
les culbuta et fit une riche et abondante capture.

Bonaparte avait battu les Autrichiens à Montenotte,
à Millesimo, Jourdan avait passé le Rhin, Marceau
observait Mayence, Grenier entrait en ligne, Bernadotte
allait déboucher : le soldat avait donc l'exaltation que
donne la victoire.

Kléber se disposait à franchir la Lahn et étudiait avec Ney les abords de la rivière, quand il apprit que Soult était entouré par les Autrichiens. Ney part au devant de Soult. Six mille hommes l'attaquaient. A mesure qu'un escadron était rompu, il était immédiatement remplacé par un autre, la lutte devenait à chaque instant plus vive et plus meurtrière; sept charges avaient échoué, les munitions étaient épuisées, les troupes succombaient à la lassitude, et allaient être contraintes de se rendre, quand une colonne paraît à l'improviste; c'est Ney avec sa valeureuse troupe qui se dirige vers le point de l'attaque, perce les bataillons ennemis et joint la poignée de braves qui vont être accablés. Au même instant, trois émigrés s'élancent sur lui et le somment de se rendre et de crier, *Vive le Roi!* Vive la République! répond Ney, et d'un coup de sabre, il en renverse un, s'élance sur son cheval, et met les deux autres en fuite.

Le 18 juin, à Uckerath, avec un gros de dragons, il descend au trot le ravin qui le sépare des colonnes ennemies; ces dernières se précipitent à la vue du général, la mêlée est ardente; on se coupe, on se reforme, on lutte avec fureur; Richepance accourt; l'action s'étend; Ney a renversé un escadron ennemi, il se met alors à la tête du 14ᵉ de dragons, charge les hulans avec fureur; ses habits sont criblés de balles, mais il couche, vainqueur, sur le champ de bataille.

En rendant compte de cette laborieuse journée à l'un de ses amis, il écrit : « Je l'ai encore échappé belle aujourd'hui. Quatre fois je me suis trouvé seul au milieu des Autrichiens. Il y a des grâces d'état. Je n'en devais pas sortir. »

Il apprend au même instant que dans une affaire sérieuse qui a eu lieu en Italie, son frère, Pierre Ney, officier à la 55ᵉ demi-brigade, a été tué. Il ne peut retenir ses larmes à cette terrible nouvelle : « Que seraient devenues ma mère et ma sœur, si j'avais succombé ! Écrivez-leur, mais cachez les dangers auxquels je m'expose, qu'elles ne puissent pas craindre aussi pour moi. »

Bonaparte poursuivait le cours de ses étonnants succès ; chaque jour était marqué par quelque victoire ; chaque jour voyait enlever une place forte, franchir une rivière, conclure un traité. Le général en chef de l'armée de Sambre-et-Meuse voulut aussi montrer que ses troupes étaient dignes de marcher de front avec celles de l'armée d'Italie. Nous étions au 2 juillet. Jourdan avait passé le Rhin ; l'armée tout entière était en ligne. Le 9 de ce même mois, Ney obtint quelque avantage sur le général Kray. Ce fut dans cette rencontre qu'il usa d'un stratagème qui lui réussit complétement. Il luttait depuis quelques heures contre les Autrichiens ; tout à coup il s'éloigne, comme saisi d'un effroi subit. Les ennemis poussent des cris de victoire et arrivent en tumulte sous le feu qui les attend. D'effroyables détonations leur révèlent alors le piége dans lequel ils viennent de tomber ; la mitraille les accable, la mousqueterie les culbute et leur défaite est complète.

Ney les poussa jusqu'à Hoostadt ; mais ici la lutte avait pris une nouvelle face. Ney n'a que deux pièces de canon contre quinze que lui oppose l'ennemi. Il gagne du temps, s'arrête, laisse venir jusqu'à lui quelques troupes qui le suivent. Il charge, cède, attaque tour à tour et lutte jusqu'à l'arrivée d'une colonne française. Alors ses troupes s'ébranlent ; les balles sifflent, les baïonnettes font raison d'une téméraire résistance et l'ennemi prend la fuite. Le même jour, il marche de nouveau et culbute les Autrichiens, qui mordent la poussière au nombre de deux mille. A Forcheim, Ney se surpasse, et Kléber lui adresse, en présence de la troupe, les paroles les plus flatteuses sur son activité ; puis, s'arrêtant tout à coup : « Je ne vous ferai pas compliment, lui dit-il, de votre modestie ; poussée au-delà de certaines bornes, elle cesse d'être une qualité. Au reste, vous l'envisagerez comme il vous plaira, mon parti est pris ; vous êtes général de brigade. » Puis, voyant que son camarade était pensif, inquiet, Kléber ajouta : « Eh bien ! tu es désolé, confus ; mais les Autrichiens sont là qui t'attendent, va leur faire expier tes ennuis. Quant à moi, je rendrai compte au Directoire de ta promotion. »

Il est nommé général de brigade.

Et il lui en rendit compte en ces termes :

« L'adjudant-général Ney a donné, pendant cette campagne et les précédentes, des preuves multipliées de talent, de zèle et d'intrépidité ; mais il s'est surpassé dans la journée d'hier, où il a encore eu deux chevaux tués sous lui.

« J'ai cru pouvoir l'élever sur le champ de bataille au grade de général de brigade, dont le brevet lui a déjà été expédié il y a dix-huit mois. Sa modestie ne lui permit pas de l'accepter. En confirmant cette nomination, citoyens Directeurs, vous donnerez un acte éclatant de votre justice. »

Ney marcha de nouveau contre l'ennemi et le mena

battant jusqu'à Nuremberg. Le général en chef Jourdan le félicita sur son activité et lui écrivit : « Je vous trans-
» mets, général, les lettres de service de général de bri-
» gade que vient de m'adresser le ministre de la guerre.
» Le gouvernement s'est acquitté de la reconnaissance
» qu'il doit à un de ses plus dignes, de ses plus zélés
» serviteurs, et il n'a fait que rendre justice aux talents
» et à la valeur dont vous donnez chaque jour de nou-
» velles preuves. Recevez mes sincères félicitations. »

Hoche vint, bientôt après, prendre le commandement en chef de l'armée de Sambre-et-Meuse. Ses trois lieutenants étaient Ney, Richepance et Grenier, tous trois généraux mosellans, qui commandaient chacun une division de cavalerie.

En adressant ses instructions au général Ney, Hoche terminait ainsi sa dépêche : Permettez-moi, général, de vous témoigner la satisfaction que j'éprouve de servir avec vous, dont le mérite militaire est si généralement reconnu et estimé.

A Neuwied, Ney se trouve à la tête de ses fidèles hussards. Il s'ébranle et porte le désordre dans les rangs ennemis. Mais de nouveaux escadrons accourent.... nos troupes sont sur le point d'être rompues.... Ney cherche encore à résister. Son cheval s'abat, l'entraîne dans sa chute et le précipite dans un ravin. Il est entouré d'ennemis, couvert de sang, criblé de blessures ; son sabre est brisé. Il résiste encore. Il aperçoit le 4e régiment de hussards qui revient à la charge. Il frappe de tous côtés avec le tronçon de sabre qui lui reste... mais son pied glisse, il tombe ; les Autrichiens parviennent à le saisir. Il est fait prisonnier et conduit à Giessen.

Il est blessé
et fait
prisonnier.

Ney reçut de l'état-major autrichien l'accueil que méritaient son courage et son habileté. On vint à parler de
manœuvres, et l'état-major fit peu d'éloge du cheval de
son prisonnier. Ney s'approche, et, sautant en selle, il
s'écrie : Je vais vous montrer ce que vaut mon cheval ;
et, s'élançant dans la direction de l'armée française, il
laisse loin derrière lui ceux qui l'accompagnaient. Son
cheval l'emporte à tire-d'aile ; il est près de s'échapper,
il va recouvrer sa liberté ; mais l'alarme est donnée, les
trompettes sonnent, la cavalerie légère s'agite.... toute
voie lui est fermée. Alors, tournant bride, il revient avec
la même vitesse vers les généraux autrichiens et leur dit :
« Eh bien! Messieurs, que vous en semble? N'est-il pas
vrai qu'autant vaut l'homme autant vaut la bête? »

La paix venait d'être signée à Leoben. Hoche en instruit le camp autrichien ; et, par la même occasion, écrit
au général Ney, qu'il honorait d'une sincère amitié :
« Vous devez me connaître assez, mon cher général,
pour savoir combien m'afflige l'événement affreux qui
vous est arrivé. Je compte assez sur la réciprocité avec
laquelle agiront les généraux autrichiens, pour penser
qu'ils vous traiteront comme nous avons traité ceux de
leurs collègues que nous avons pris en Italie. »

Le Directoire lui adressa aussi des félicitations sur sa
bravoure et lui exprima en outre combien il prenait part
à sa captivité momentanée (Note 4).

Il est échangé.   Le général Ney fut renvoyé sur parole, et bientôt après,
échangé contre le général-major Orelly. Hoche l'en
avertit par une lettre toute amicale : « Je vous envoie,
mon brave Ney, votre certificat d'échange ; il me par-

vient par le gouvernement. Allez reprendre votre poste, et croyez que, lorsque nous recommencerons, je vous mettrai à même de recevoir des louanges de nos amis et de nos ennemis. »

La promesse était flatteuse ; Ney se mit promptement en mesure de la justifier. Il s'agissait de surprendre Manheim et de s'emparer de Philisbourg. Les forces restreintes dont il disposait ne permettaient guère de mener à bonne fin cette double entreprise. Il voulut s'assurer lui-même des obstacles, franchit le Rhin, déguisé en paysan, et pénétra dans Manheim ; puis il revint, choisit parmi ses soldats cent cinquante des plus braves, se jeta le premier dans une nacelle et se rendit maître de Manheim.

Le théâtre des opérations ayant été transporté en Helvétie, Ney s'y rendit et obtint le commandement de la cavalerie de l'armée. Il se trouvait à la tête de dix régiments de cavalerie légère et de trois de dragons. Le 28 mars, il avait été nommé général de division, et avait écrit immédiatement au Directoire : « Si mes talents répondaient véritablement à l'opinion qu'on a donnée de moi, j'accepterais sans balancer. Il n'en est malheureusement pas ainsi, et je ne puis accepter l'honneur que le gouvernement veut me faire. J'espère qu'il ne verra, dans ce refus, qu'une preuve du civisme qui m'anime, du désintéressement que je porte dans mes fonctions. »

Le Directoire exécutif persista dans l'arrêté de cette promotion. Bernadotte se joignit au gouvernement : « J'ai reçu, mon cher Ney, votre lettre du 16, écrivait-il à son camarade à la date du 14 mai 1799, les détails que

Général
de division
(28 mars
1799).

vous me donnez ne sont point de nature à tranquilliser sur les opérations futures ; mais le génie de la liberté est infatigable, et, j'espère, fera encore des merveilles. Vous avez sans doute lu le discours de Garat sur l'assassinat de nos plénipotentiaires ; il m'a rappelé ces beaux jours de Lacédémone et de l'ancienne Rome. Tout homme qui est français et surtout républicain pense comme lui. Il est sans doute plus que nécessaire de faire cesser des partis, s'il en existe, et de ne point en créer si leur existence n'est qu'idéale. Les partis amènent les factions et les factions renversent les états, quelque robustes qu'ils puissent être. Je vous recommande de ne point indisposer le Directoire en refusant d'accepter le grade de divisionnaire qu'il persiste à vous conférer. Voyez à côté de vous, mon cher Ney, et répondez de bonne foi, si votre conscience ne vous ordonne pas de mettre de côté une modestie qui devient déplacée et même dangereuse quand elle est outrée.

« Il faut des âmes brûlantes, des cœurs inaccessibles à la crainte comme à la séduction pour conduire les armées françaises. Qui mieux que vous est doué de ces vertus et de ces qualités ? Il y aurait donc de la faiblesse à reculer devant la carrière qui s'ouvre devant vous. Adieu, mon cher Ney ; vous voyez que, dans ma retraite, livré aux réflexions qu'excitent à faire le calme dont je jouis et les bords paisibles que j'habite, je parle un peu en mentor, mais vous entendrez tout d'un homme qui vous est attaché par les liens de la plus vive amitié et de la plus parfaite estime. »

Un refus était désormais impossible. En n'acceptant

pas ce grade, c'était s'exposer à faire croire au gouvernement qu'il refusait de servir la patrie. Ney se résigna donc et alla combattre sous les ordres de Masséna. A Thur, à Wintherthur, il se distingua; atteint, dès le commencement de cette dernière action, par une balle qui lui perça la cuisse, il continua de commander; ses soldats bandèrent la plaie avec leurs mouchoirs; il s'élança, à la tête d'une poignée de braves, contre un escadron hongrois. Un soldat ennemi lui fendit la plante du pied; il abattit le téméraire; mais, avant de mourir, ce soldat lui fracassa le poignet.

Le 24 septembre 1799, Ney fut appelé au quartier-général de l'armée du Rhin pour commander une des divisions, et le général en chef Muller, rappelé en France, lui remit son commandement. Ney refusa d'abord; mais le gouvernement insista, et il dut accepter. Son premier acte fut de réclamer l'indulgence de ses collègues et d'invoquer le concours de leurs lumières et de leurs efforts (Note 5).

Général en chef (1799).

Le nouveau général en chef s'était résigné, et il prouva bientôt que sa modestie le trompait sur son propre mérite. Enfin, à force d'instances, il obtint un successeur : Ce fut Lecourbe.

Le 18 brumaire arriva peu de temps après, et Bonaparte prit les rênes du pouvoir.

A Hohenlinden, Ney se signale à chaque instant sous les ordres de Moreau, qui a pris le commandement en chef. Après cette glorieuse journée, il reçut du premier consul l'ordre de rétablir le calme en Helvétie; et bientôt après (18 octobre 1802), Bonaparte le nommait ministre plénipotentiaire près la république helvétique.

Ministre plénipotentiaire (1802).

Il devait, suivant les circonstances, « se tenir prêt à
» déployer le rôle de médiateur ou de général, employer
» la force si elle était indispensable, entrer même im-
» médiatement dans le pays de Vaud si les insurgés l'at-
» taquaient (*). »

Ney, comme nous l'avons vu, avait fait la guerre en
Helvétie, mais n'avait que des notions vagues sur les
dissensions qui agitaient ce pays. Il se mit aussitôt en
route et vit bientôt quels projets il avait à réprimer, quels
hommes il devait combattre.

Les droits consacrés par la révolution étaient foulés
aux pieds. On proclamait les doctrines, les institutions
d'un autre âge; c'était une guerre de principes sur laquelle on ne pouvait s'entendre. Le général chercha à
se mettre en mesure de contenir les haines, de forcer
les préventions.

Le ministre des relations extérieures (**) avait écrit
au général Ney (***) : « Je me félicite, citoyen, que le
choix que le premier consul a fait de vous pour diriger
la légation de la république en Helvétie, me donne l'occasion de correspondre avec vous et de faire connaître
au premier consul toutes les preuves de sagesse et de
zèle que vous donnerez dans le cours de votre mission. »
Ney se montra digne de cette haute confiance.

Il s'acquitta de sa mission avec un zèle et une sagesse

<hr>

(*) Dépêche du ministre de la guerre, 10 vendémiaire an XI (2 octobre 1802).

(**) Ch. Talleyrand.

(***) Paris, 26 vendémiaire an XI (18 octobre 1802).

auxquels il avait habitué le gouvernement, et obtint, par
des mesures pacifiques, ce qu'un autre n'aurait fait que
par la force des armes. Saint-Gall exprima sa gratitude,
de la chaleur, de la constance avec lesquelles le général
Ney avait défendu ses intérêts; Appenzell lui vota une
adresse. Berne alla plus loin encore : elle voulut perpétuer le souvenir de sa mission par un monument durable;
elle fit frapper une médaille, sur laquelle furent retracés
les désordres qu'il avait sagement combattus, la paix
qu'il avait rétablie. Tous célébrèrent la grandeur d'âme
du général, tous exaltèrent les services qu'il avait rendus.

Son frère d'armes, Murat, voulant aussi payer au général le tribut d'éloges que ses dispositions méritaient,
lui écrivit : « Cette campagne, qui n'a duré qu'un instant, vous couvre de gloire. Il est beau d'obtenir, par
des procédés aimables, des mesures imposantes, ce qu'un
autre n'aurait fait que par la force des armes. Au surplus,
souvenez-vous, mon cher général, que vous avez un
voisin qui se fera un plaisir de seconder vos opérations
de toutes ses forces (*). »

La confédération elle-même chargea son landamman
d'exprimer tous ses regrets de le voir partir, et lui adressa,
avec une tabatière ornée du chiffre de la Suisse, en dia-
mant, une lettre dans laquelle elle protestait de toute sa
reconnaissance (Note 6).

Apprenant que l'armée française était réunie sur les
côtes, le général Ney, qui avait quitté sa patrie confiante
dans la paix et qui la retrouvait aux prises avec la guerre,

(*) Milan, 27 brumaire an XI (18 novembre 1802).

demanda et obtint de se rendre à Montreuil, où campaient nos troupes. Le premier consul estimait à un haut degré le général Ney, et, lorsque la paix avait été signée en 1801 et que Ney était venu passer à Paris quelques mois d'un repos bien nécessaire, il lui donna un magnifique sabre égyptien. Il l'avait honoré de différentes marques de haute confiance ; et, quand au mois de mai 1804, le général Bonaparte, premier consul, reçut de la France le titre d'empereur, le général Ney applaudit de grand cœur aux actes dont il était témoin et adressa au gouvernement impérial, une adhésion franche et loyale qu'il terminait ainsi : « Acceptez, général consul, la couronne impériale que vous offrent trente millions d'hommes. Charlemagne, le plus grand de nos anciens rois, l'obtint jadis des mains de la victoire ; avec des titres plus glorieux encore, recevez-la de celles de la reconnaissance ; qu'elle soit transmise à vos descendants, et puissent vos vertus se perpétuer sur la terre avec votre nom.

« Pour nous, général consul, pleins d'amour pour la patrie et pour votre personne, nous consacrerons notre existence à la défense de l'une et de l'autre. »

Le 18 mai 1804, le titre d'Empereur fut conféré au premier consul ; ce nouvel ordre de choses appelait de nouveaux titres ; consul, Bonaparte avait des généraux en chef ; Empereur, Napoléon créa des maréchaux. Ney, que ses exploits avaient signalé comme l'un des premiers généraux en chef de nos armées, fut de la première promotion, et reçut le bâton du suprême commandement (19 mai 1804).

Maréchal d'Empire (1804)

Napoléon, formant ses cohortes de la légion d'honneur appela le maréchal Ney, au commandement de la 7e, et le 1er février 1805, le nomma Grand-Aigle de cette légion.

Les hostilités ayant recommencé dans la même année entre la France et l'Autriche, le maréchal Ney fut employé à la grande armée d'Allemagne. Après avoir passé le Rhin avec le 6e corps placé sous ses ordres, il se porta en Souabe, et parut le 14 octobre devant Elchingen.

La bataille glorieuse qui porte ce nom ayant assuré au maréchal Ney une gloire immortelle, nous croyons utile d'entrer à ce sujet dans quelques développements :

Dès le matin du 14, le maréchal Ney est à cheval. Paré de son grand uniforme, de ses décorations, il se porte au galop vers le Danube pour rétablir le pont d'Elchingen, glorieuse mission que vient de lui donner l'Empereur. Il franchit le pont dont il ne reste que les chevalets, et s'empare du village et du couvent d'Elchingen, gardés par vingt mille hommes. Il gravit les rues tortueuses du village, l'arrache des mains des Autrichiens, enlève le couvent et met en déroute tous les ennemis qui se replient sur le Michelsberg.

Le lendemain, il emporte à la baïonnette le Michelsberg comme il a enlevé Elchingen. Après la capitulation d'Ulm, il fut détaché sur la droite de la grande armée avec neuf ou dix mille hommes, soldats intrépides comme leur chef, et avec lesquels on pouvait tout entreprendre. Sa mission avait pour but l'évacuation du Tyrol, il en chassa l'archiduc Jean, après s'être emparé des forts de Scharnitz et de Neustarck. Il entra à Hall, à

Inspruck, et défit complétement l'armée autrichienne au pied du mont Brenner (17 novembre). A Inspruck, le maréchal Ney retrouva dans l'arsenal le drapeau du 76ᵉ qui avait été enlevé à ce régiment dans une campagne précédente. Il le lui rendit; l'Empereur fit faire un tableau rappelant cet épisode.

Après la mémorable bataille d'Austerlitz et la signature des préliminaires de la paix, le maréchal Ney occupa la Carinthie avec son corps d'armée, fit des prodiges de valeur à Iéna et concourut à la victoire qui couronna cette journée.

Il marcha ensuite sur Magdebourg, bloqua cette place et força le gouverneur de capituler après un bombardement de courte durée. Cette forteresse redoutable était pourtant défendue par plus de vingt mille hommes de garnison.

Le maréchal Ney ne prit pas une part très-active à la bataille d'Eylau; il avait été chargé de suivre le corps du général prussien Lestocq, et ayant entendu le canon de la bataille, il avait rabattu sur sa droite pour venir se joindre à l'Empereur. Il arriva le soir débordant et dominant l'aile droite russe. Cette arrivée du 6ᵉ corps dont l'action se borna à une vive canonnade détermina la retraite de l'armée ennemie.

Le 5 juin, dès la pointe du jour, l'avant garde russe se porte au devant du maréchal. Accouru à la tête de ses troupes, il les réunit, suit la route de Guttstadt à Deppen, traverse un passage très-étroit, et s'arrête avec un rare sang-froid pour faire exécuter ses feux de deux rangs, quelquefois chargeant à la baïonnette l'infanterie ennemie, ou fusillant à bout portant l'innombrable cavalerie russe qui le harcelle. Nos ennemis admirèrent la glorieuse retraite du maréchal Ney, à Deppen, et quelques jours après, dans un bulletin publièrent ces lignes que la France entière ratifia : « Le calme et l'ordre, et en même temps la rapidité qu'apporta le corps de Ney à se rassembler au signal de trois coups de canon ; le sang-froid et la circonspection attentive qu'il mit à exécuter sa retraite, pendant laquelle il opposa une résistance renouvelée à chaque pas, et sut tirer parti en maître de chaque position ; tout cela prouve le talent du capitaine qui commandait les Français, et l'habitude de la guerre portée chez eux à la perfection, aussi bien que l'auraient pu faire les plus belles dispositions et la plus savante exécution d'une opération offensive. Pour attaquer avec succès, comme pour opposer une résistance régulière dans une retraite, il faut de rares qualités, il faut des vertus difficiles à pratiquer, et pourtant il est nécessaire que tout cela soit réuni dans le même personnage pour former le grand capitaine » (*).

Contre quarante-cinq mille hommes, Ney ne peut en opposer que quinze mille, mais il a d'avance pourvu à tout. Il a envoyé au-delà de Deppen ses blessés et ses bagages. Il attend fièrement l'ennemi et divise ses forces en échelons. Chaque échelon fournit son feu, charge même à la baïonnette : sur un sol découvert, avec des troupes moins solides, une pareille retraite aurait certes fini par une déroute. Mais, grâce à l'habile choix de ses

(*) Relation de l'historien russe Plotho.

positions, grâce aussi à l'aplomb extraordinaire de ses soldats, Ney met plusieurs heures à franchir un espace de moins de deux lieues. L'intrépide maréchal s'arrête alors, reprend l'offensive contre l'ennemi qui vient de commettre la faute de se diviser, le charge avec vigueur et regagne paisiblement le pont de Deppen.

Cette journée ajoute encore à l'admiration qu'inspire dans les deux armées l'intrépidité du maréchal Ney.

Le 14 juin, anniversaire de Marengo, Ney paraît à Friedland. C'est à lui que Napoléon confie la tâche d'enlever ce village et les ponts.

Entouré de ses lieutenants, Napoléon leur explique le rôle que chacun d'eux doit jouer dans cette journée. Saisissant par le bras le maréchal Ney, et lui montrant Friedland, les ponts et les Russes : Voilà le but, lui dit-il, marchez-y sans regarder autour de vous ; pénétrez dans cette masse épaisse, quoi qu'il puisse vous en coûter ; entrez dans Friedland, prenez les ponts, et ne vous inquiétez pas de ce qui pourra se passer à droite, à gauche, ou sur vos derrières. L'armée et moi sommes là pour y veiller.

Ney, bouillant d'ardeur, tout fier de la redoutable tâche qui lui est assignée, part au galop pour disposer ses troupes en avant du bois de Sortlack. Frappé de son attitude martiale, Napoléon s'adressant au maréchal Mortier, lui dit : « *Cet homme est un lion !* »

Parole remarquable de Napoléon.

Portrait du maréchal Ney.

Le maréchal était grand, fort, la taille bien prise, les épaules larges ; tout dans son attitude, dans ses mouvements, dénotait la vigueur et la santé. Un corps de fer contenait une âme de feu. Son teint peu coloré, son front élevé, sa lèvre inférieure et le menton légèrement avancés, ses traits fortement caractérisés, sans être durs, donnaient à sa physionomie une expression mâle et sévère. La promptitude de ses idées, ses vives impressions s'y peignaient rapidement. Ses cheveux d'un blond vif lui avaient fait donner, au commencement de sa carrière, par les soldats, les surnoms de Pierre-le-Roux, de Lion rouge..... comme ils avaient surnommé l'Empereur, le petit Caporal.....

Sur un signal de Napoléon, Ney ébranle son corps d'armée; il sort du bois de Sortlack. Galoppant d'un bout de la ligne à l'autre, il soutient le cœur de ses soldats par sa contenance héroïque. A ce moment, des files entières sont emportées par les boulets; le feu devient tel, que les troupes même les plus braves ne peuvent le supporter. Troublée pour la première fois, notre vaillante infanterie cède du terrain, et deux de ses bataillons se rejettent en arrière.

« Camarades, s'écrie alors le maréchal, ces gens-là tirent en l'air; je suis plus haut que vos bonnets, et ils ne m'atteignent pas. » Les grenadiers comprennent alors qu'ils doivent vaincre ou mourir, ils s'élancent;..... une nouvelle mêlée s'engage au milieu de Friedland en flammes, qu'on se dispute à la lueur de l'incendie. Il est dix heures et demie du soir; la victoire est complète, et nos troupes couchent sur le champ de bataille.

La paix de Tilsitt est signée et le maréchal Ney, promu duc d'Elchingen (*) en souvenir de sa brillante conduite, revient en France.

Duc d'Elchingen (1808).

(*) 19 mars 1808.

En 1808, il est envoyé en Espagne pour commander le sixième corps d'armée ; dans le mois d'octobre, il s'empare de Logrono, sur la rive droite de l'Ebre, et bat les Espagnols au combat de Lerin.

Pendant les années 1809 et 1810, toujours à l'armée d'Espagne, il va soutenir, dans les circonstances difficiles, la gloire des armées françaises et se montrer à la hauteur de sa brillante réputation.

En avril 1809, le maréchal Ney, plein comme toujours d'activité et d'énergie, avait conçu le désir et l'espérance de soumettre la Galice, n'imaginant pas que ses belles divisions, qui ont vaincu dans toutes les rencontres les armées russes, pussent échouer contre des fanatiques qui ne savaient que fuir ou se battre à couvert. Obligé de combattre partout, de courir partout, le duc d'Elchingen ne trouva nulle part des révoltés qui pussent résister à sa terrible impétuosité ; mais il les voit se renouveler sans cesse, reparaître sur ses derrières, dès qu'il les a battus de front.

Dans ces différentes rencontres, il a tué plus de six mille Espagnols, enlevé vingt-deux pièces de canon et une immense quantité de matériel.

Le 13 mai, le duc d'Elchingen part de Luzo avec une colonne de dix mille combattants, se rend dans les Asturies et renouvelle les combats que son corps d'armée soutient avec honneur.

Après le fatal abandon d'Oporto par Soult, ce maréchal se rapproche de son compagnon de gloire, le maréchal Ney. Mais bientôt les deux corps d'armée ne purent rester ensemble.

Le maréchal Ney, qui venait de pacifier les Asturies, mit à la disposition du deuxième corps toutes les ressources du sixième, en vivres, en munitions et en armes. Une convention fut faite à Lugo entre les maréchaux, pour se reporter d'un commun mouvement sur la frontière et repousser La Romana et les Anglais, si ceux-ci voulaient poursuivre leurs succès contre le maréchal Soult. Ney suivit la côte; mais arrivé en face de Vigo, il apprit que le maréchal Soult avait évacué la Galice, il dut alors rétrograder et abandonner aussi cette province.

Pendant l'année suivante, il surmonta toutes les difficultés que présentaient à la fois la nature du pays et les dispositions insurrectionnelles des habitants.

Les corps des maréchaux Mortier, Ney et Soult réunis sous les ordres de ce dernier se portèrent sur le Tage, mais arrivèrent trop tard pour prendre part à la bataille de Talavera; cette marche cependant força le duc de Wellington à rétrograder, et il ne put tirer aucun profit de sa victoire. Ney, en revenant et remontant dans l'Estramadure pour défendre le nord de l'Espagne, rencontre le général anglais Wilson au col de Banos. Celui-ci veut, dans un défilé inextricable, couper le passage au sixième corps; il est complétement battu.

Le Portugal doit être occupé par Masséna; le sixième corps fait partie de cette armée qui doit chasser les Anglais de la Péninsule. Le siége de Ciudad-Rodrigo, qui devait servir de dépôt pendant la campagne, fut une des plus brillantes opérations. Le maréchal Ney en est chargé, il s'en empare le 10 juillet 1810. Le gouverneur Herasti, qui a vaillamment résisté pendant près d'un mois de tranchée ouverte, rend la place et capitule sur les débris de la brèche.

Le 28 août, le maréchal Ney s'empare d'Alméida, dont il a commencé le siège ; une bombe française, en tombant sur le magasin à poudre, fait une explosion terrible : les fortifications sont détruites, la place saute et se rend.

Masséna attaque les Anglais postés avantageusement à Busaco ; il est repoussé ; mais le lendemain, il les force à évacuer leur position en les tournant ; le sixième corps prend sa part de gloire et de danger dans cette affaire ; mais l'attitude de Wellington retranché dans les lignes de Torres-Vedras, adossé à la mer, rend tout succès impossible ; l'armée française sans combattre se voit décimée par les maladies et les privations. Elle ne peut penser qu'à vivre, à chercher des ressources. Elle est cantonnée sur le Tage ; le maréchal Ney, à Thomar, déploie une activité incessante pour pourvoir aux besoins de ses soldats.

Enfin la position n'est plus tenable. Masséna se décide à la retraite (mars 1811). Le maréchal Ney est chargé de la soutenir ; il lutte pendant 15 jours à l'arrière-garde avec le 6e corps, réduit à sept mille hommes, contre toute l'armée anglaise, aux ordres de Wellington. Le 11 mars il l'arrête à Pombal ; le 12, il lutte à Redinha contre trente mille Anglais qui ne lui font pas hâter le pas. Cette retraite est un des plus beaux faits d'armes du maréchal Ney. Après cette retraite, où Ney protégea seul toute l'armée de Masséna, de vives discussions eurent lieu entre les deux maréchaux, sur la suite à donner aux opérations. Ney convaincu de la bonté de son plan, qui d'ailleurs fut suivi plus tard par Masséna, résigna le commandement du 6e corps. Ce fut un désespoir profond dans cette grande famille que le maréchal commandait avec tant de gloire depuis sept ans et où tous les corps vivaient en intime affection.

N'est-ce pas un des beaux titres du maréchal Ney d'avoir su donner à un corps d'armée composé d'éléments si différents, cette homogénéité, cette union que l'on est heureux d'obtenir dans un seul régiment?

En 1812, lorsque Napoléon voulut entreprendre son expédition contre la Russie, le besoin de s'entourer de grands capitaines lui fit donner au maréchal Ney le commandement du 3e corps.

Sans nous arrêter à chercher, dans les obscures complications de la politique, les causes d'une guerre où la France vit engloutir sa formidable armée et le prestige qui avait couvert ses drapeaux jusqu'alors invaincus; sans nous occuper à dérouler les drames qui marquèrent cette désastreuse campagne, nous nous bornerons à signaler, dans les faits qui sont personnels au commandant du 3e corps, ceux qui ont marqué dans sa glorieuse carrière.

Vers la fin de février 1812, les ordres de mouvement ont été donnés. Nos corps d'armée ont déjà franchi le Tyrol, passé le Rhin, traversé la Prusse, et les projets de l'Empereur restent enveloppés d'un voile impénétrable. Dans les premiers jours de mai, Napoléon arrive à Dresde. Ney commande un corps fort de plus de trente-sept mille hommes; les bataillons s'avancent en colonnes serrées ; la cavalerie arrive lentement semblable à une muraille d'acier.

Le duc d'Elchingen fête l'anniversaire du 15 août par son entrée à Smolensk. « Impatient du retard qu'éprouve » la marche de ses troupes, il arrive au milieu des tirail- » leurs. C'est le Dieu Mars ; son aspect, son regard, son » assurance entraîneraient les plus timides. » Tout à coup sept à huit cents cosaques fondent sur lui, l'enveloppent et le serrent de si près qu'il reçoit, presque à bout portant, une balle qui déchire le collet de son habit.

A la Moskowa, Ney se surpasse. Il lutte pendant des heures entières contre des forces considérables. Son corps d'armée est ravagé par la mitraille. Les secours de Napoléon se sont fait attendre ; mais le maréchal a toujours combattu, et, dans cette terrible journée, le seul succès obtenu l'a été par ses troupes (*). Dans les plaines de la Moskowa, Ney s'est acquis une gloire immortelle, en dirigeant avec son habileté et son intrépidité ordinaires, le centre de toute l'armée.

Bientôt d'autres événements viennent ajouter un nouveau fleuron à la couronne du maréchal. Moscou a été prise, incendiée, abandonnée. Dès lors va commencer cette retraite, « mortelle pour tant d'autres, immortelle » pour lui (**) ». Les éléments se sont déclarés contre la France. Il faut aux victorieux fugitifs de Moscou une autre science et un autre courage que ceux du soldat, il leur faut la science de la force morale, le courage de souffrir et d'espérer toujours.

(*) 7 septembre 1812.
(**) Le comte de Ségur.

Napoléon a donné le commandement de l'arrière-garde au duc d'Elchingen. Ce maréchal voit qu'il faut une victime et qu'il est désigné ; il se dévoue, acceptant tout entier un danger grand comme son courage.

Les Russes nous harcellent et fusillent les soldats de Ney dont les armes glacées gèlent les mains engourdies. Les troupes sont découragées, il se jette au milieu d'elles, arrache un fusil à un soldat prêt à fuir, ramène au feu ses trainards, ses blessés, expose sa vie en soldat, le fusil à la main, « comme lorsqu'il n'était ni époux, ni père, ni riche, ni puissant et considéré ; enfin, comme s'il avait encore tout à gagner, quand il avait tout à perdre (*) ». De Viasma à Smolensk, il combattit dix jours entiers.

Arrivé près de cette dernière ville, Ney jugeant qu'il faut enfin réprimer l'insultante audace de l'ennemi, et retremper le moral de la troupe qui se laisse intimider par le moindre *hourra*, ce cri devenu la terreur des soldats désarmés, ordonne une halte. Nos troupes sont entourées par des milliers de cosaques qui les harcellent de toutes parts.

Le maréchal, renouvelant en cette occasion, la superbe allocution de Chevert (**), s'adresse à un capitaine de grenadiers et lui dit :

(*) Histoire de Napoléon et de la grande armée, pendant l'année 1812, par M. le général comte de Ségur.

(**) Chevert au siége de Prague demande un soldat pour s'élancer le premier sur la brèche. — Il le trouve et lui dit : « Quand tu seras sur le rempart, tu t'avanceras vers la sentinelle ; elle criera : qui va là ?

« Capitaine, choisissez soixante hommes et allez mettre le feu au village que vous apercevez à cinq cents toises dans la plaine. Ensuite vous appuierez à gauche en passant par cet autre village (il le lui indique du doigt) plus rapproché de la route; vous le brûlerez et vous nous rejoindrez.

« Vous allez être harcelé par sept à huit cents cosaques; ne vous en inquiétez pas; ils n'oseront pas vous entamer; ne tirez qu'à coup sûr. »

Le capitaine exécute l'ordre et tient en respect les cosaques. Pas un coup de fusil n'est tiré, et les *soixante* hommes reviennent paisiblement prendre rang dans la colonne.

C'est encore le maréchal Ney, le héros à *l'âme trempée d'acier* que Napoléon a désigné pour faire sauter les murailles de Smolensk.

Cette glorieuse mission va le séparer du reste de l'armée et le laisser seul sur les rives glacées de la Russie. Napoléon le quitte à regret et donne l'ordre au prince d'Eckmühl de ne quitter Krasnoï qu'après avoir été rejoint par le maréchal Ney.

Depuis plus d'un mois l'armée est en marche; ses souffrances ont été rudes; ses pertes immenses, et pourtant l'avenir s'assombrit encore.

L'empereur s'est éloigné, emportant l'espérance de revoir le maréchal. Chaque fois qu'il s'arrête, le nom

---

Tu ne répondras pas ; elle criera une seconde fois, ne réponds pas davantage; elle fera feu sur toi, elle te manquera; alors, tu t'élanceras sur elle, tu la poignarderas; moi, je serai là pour te soutenir. » — Chevert, précédé de son grenadier, monte sur le rempart et la prédiction est accomplie.

du brave des braves est sur ses lèvres. A chaque heure, à chaque instant, on désire, on espère, on attend son retour. Pendant que ces sombres inquiétudes agitaient les esprits, le maréchal détruisait les murailles de Smolensk et répondait aux instances qu'on lui faisait de se retirer : « Tous les cosaques de l'univers ne m'empêcheront pas d'exécuter mes instructions. »

Le 17 novembre, Ney a quitté Smolensk avec douze canons, six mille baïonnettes et trois cents chevaux. Sur sa route, il trouve le fond de chaque ravin rempli de débris de toutes sortes. Il arrive devant Korithnya (*). Une violente détonation se fait entendre et plusieurs boulets passent au-dessus de ses soldats. Le lendemain on rencontre l'armée de Kutusoff, qui envoie dire au maréchal Ney de se rendre ; il a près de lui quatre-vingt mille Russes. A cette humiliante proposition, Ney s'écrie : « Un maréchal ne se rend point ; on ne parlemente pas sous le feu ! » Et quarante décharges de mitrailles accompagnent la réponse de l'héroïque chef.

Le feu redouble : d'un côté quatre-vingt mille Russes, de l'autre cinq mille Français. La lutte est bien inégale ; et, cependant, Ney a forcé le passage ; Kutusoff a battu en retraite.

Les soldats de Ney sont immobiles, semblables à un mur d'airain. Ils regardent leur chef ; son âme est calme et tranquille, sa figure silencieuse et recueillie. Il ne voit d'autre salut pour ses braves compagnons que la route de Smolensk. Il donne l'ordre à la colonne de revenir

(*) 17 novembre au soir.

sur ses pas. A son accent bref et impérieux, ses soldats ont reconnu son inébranlable résolution. Ils obéissent, et, sans un murmure, sans une hésitation, ils ont tourné le dos à la France, à Napoléon, et sont rentrés dans cette fatale Russie.

Sa courageuse conduite. Le lendemain, sa troupe, exténuée de fatigue, grelottant de froid, soumise à une température de plus de vingt degrés, arrive sur les bords du Dniéper. Ney accourt le premier. Le fleuve est gelé, il portera ; mais, en cet instant où la joie succédait à la détresse, Ney s'aperçut qu'il n'avait près de lui qu'une partie de sa troupe. Il pouvait toujours passer le fleuve et attendre, sur l'autre rive, que le reste de sa colonne l'eût rejoint ; mais il donne trois heures au ralliement, et.... s'enveloppant dans son manteau, il passe ces trois heures si dangereuses à dormir sur le bord du Dniéper. A minuit, le passage commence ; mais, dès que les premiers soldats ont passé, la glace plie sous le poids de ces hommes. Ney ordonne de n'aller qu'un à un.... Enfin, l'on arrive à l'autre bord.... Les blessés et les malades restent encore sur la rive opposée. Ney veut tenter un suprême effort et faire passer quelques voitures chargées de ces infortunés ; mais, au milieu du fleuve, la glace s'est rompue, et des cris déchirants et prolongés se font entendre : tout a disparu. Ney fixait l'abîme d'un regard consterné, quand il vit un objet remuer.... C'était un officier qu'un glaçon venait de soulever. Ney s'élance au devant de lui et parvient à le sauver (*). Depuis la veille,

(*) Le colonel Bricqueville.

quatre mille hommes sont morts ou égarés. On s'avance au hasard.... Bientôt on aperçoit des traces récentes d'une grande bataille ou d'un grand désastre. Puis Platof et ses hordes sauvages arrivent, mais aucun coup de fusil n'est tiré. Ney prend position dans un hameau, et quand la nuit approche, il donne l'ordre de décamper sans bruit. Au même instant, toutes les pièces de l'ennemi font un feu roulant, tous ses escadrons s'ébranlent. Platof environne nos troupes. C'est ainsi que, pendant deux jours et vingt lieues, six mille cosaques ont harcelé quinze cents Français.

La malheureuse colonne, dirigée avec tant d'intrépidité par le brave maréchal Ney, s'avance dans un bois épais ; tout à coup, plusieurs coups de canon éclatent dans la figure des hommes du premier rang. Ney croit tout perdu ; il se précipite, fait battre la charge, et s'écrie : Camarades, voilà l'instant, en avant! ils sont à nous.

A ces nobles paroles, les soldats, de vaincus qu'ils se croyaient redeviennent vainqueurs ; ils courent sur l'ennemi et le mettent en fuite.

Le lendemain, 19 novembre, depuis une heure du matin jusqu'à dix heures, on ne rencontra plus d'ennemis.

Bientôt on entendit un coup de canon, un seul ; Ney, qui venait d'envoyer plusieurs officiers chercher des nouvelles des autres corps d'armée, fait répondre par des feux de peloton, n'ayant plus une seule pièce de canon.

La troupe espère ; les blessés, les malades, les soldats découragés font un dernier effort.

Ney harangue ses braves : « Ils vont, leur dit-il, être

au terme de leurs souffrances et de leurs maux. L'armée française n'est pas loin.... "

Le 20 novembre, Napoléon demande encore après Ney ; on le croit perdu, on s'accuse du malheur de ce chef. Tout à coup, on pousse des cris de joie : Le maréchal Ney est sauvé, il reparaît ; voici des cavaliers polonais qui l'annoncent. En effet, un des officiers que le maréchal avait envoyé, accourt et l'on apprend que le brave des braves s'avance par la rive droite du Borysthène.

Napoléon bondit de joie et s'écrie : " *J'ai donc sauvé mes aigles ! J'aurais donné trois cents millions de mon trésor pour racheter la perte d'un tel homme.* "

Mais le héros de la Moskowa demande des secours. Eugène et Mortier se disputent l'honneur d'aller au devant de lui. Eugène ne l'emporte qu'en se réclamant de son rang. Il retrouve quatre mille hommes. A la nouvelle du danger de Ney, tous voulurent marcher ; ce fut le suprême effort de l'armée française.

Le vice-roi s'avance avec sa troupe dans l'obscurité. On s'arrête à chaque instant pour écouter ; l'anxiété est à son comble. Les malheureux soldats qui viennent de lutter contre tant d'obstacles vont-ils échouer au moment de leur délivrance ? On entend au même instant des signaux de détresse ; ce sont les feux de peloton du maréchal Ney qui répondent aux coups de canon du prince Eugène. Les deux corps se dirigent aussitôt l'un vers l'autre, et les premiers qui s'aperçoivent sont Eugène et l'héroïque Ney. Ils se jettent dans les bras l'un de l'autre en versant des larmes.... Soldats, officiers, généraux,

tous sont pêle-mêle. On se serre la main, on s'embras-
se.... puis tous ensemble se dirigent vers Orcha, les uns
glorieux de leur retraite et fiers de leur chef, les autres
heureux d'avoir sauvé leurs vaillants compagnons d'armes. Qui rendra jamais cette scène attendrissante? qui
dira ces souvenirs glorieux, gravés dans ces âmes que
tant de privations n'ont pu abattre? qui dira ce sublime
épisode d'une gloire immortelle? La postérité seule en
est le juge, et la postérité n'est pas ingrate!

On croit, après tant de malheurs, que la trame des
désolations est usée? mais, après Smolensk et Moscou,
il y a encore la Bérésina.

Dans la nuit du 27 au 28 novembre, le passage s'ef-
fectue, et le salut de l'armée française est entre les mains
de Ney, d'Oudinot et de Victor, tous trois lorrains, qui
montrent, dans cette suprême circonstance, une énergie
bien remarquable à cette époque de si grand découra-
gement.

Après le fatal passage, Napoléon, qui vient de décider
son départ, a confié au maréchal Ney le commandement
de l'arrière-garde. Le 1er décembre, il ne restait plus
à celui-ci que 600 hommes! et il luttait encore.

On arrive bientôt à Wilna. Murat est découragé; Ney
seul ne désespère pas. Il s'est encore volontairement
chargé de l'arrière-garde (*). Il sort de la ville et reçoit
une attaque des cosaques de Platof. Parvenu au défilé
de Ponary, il soutient encore la retraite : le jour, il se
bat ; la nuit, il marche. Son arrière-garde était, en sor-

(*) Le 10 décembre.

tant de Wilna, de deux mille hommes ; elle a été réduite à mille, puis à cinq cents, enfin à soixante.

Près d'Evé, il s'aperçut qu'il restait seul ; ses soldats l'avaient abandonné. Il entre alors à Kowno… seul, avec ses aides-de-camp, car tout a fui ou succombé autour de lui. Il trouve enfin une compagnie d'artillerie, trois cents allemands, et prend le commandement de cette nouvelle arrière-garde.

Le 14 décembre, l'attaque des Russes recommence. Ney court au feu et veut commander à ses trois cents soldats, mais tous sont en fuite. Il appelle alors deux cents hommes d'infanterie, les exhorte et va ordonner le feu, quand un boulet russe vient casser la cuisse à un chef de bataillon qui, ne pouvant supporter l'idée de ne plus combattre, se brûla la cervelle. Cet acte de désespoir mit en désordre son bataillon, qui lâcha pied : c'étaient des Allemands. Le général Gérard, maréchal depuis, était avec le maréchal Ney ; tous deux ramassèrent des armes et firent le coup de fusil contre les cosaques, qui arrivaient sur eux ; ils les arrêtèrent aux palissades de la ville.

Ney n'a pas abandonné son poste, il est redevenu soldat ; et lui, cinquième, a fait face à des milliers de Russes. Il traverse Kowno et le Niémen toujours en combattant, et pour la centième fois, depuis quarante jours et quarante nuits, sacrifiant sa vie pour sauver quelques Français, il sort enfin invincible et quitte le dernier la fatale Russie, qui vient d'engloutir la grande armée.

1813 s'annonce sous ces lugubres auspices. En peu de temps, cependant, les désastres si récents et si terribles de la Russie sont oubliés ; la France a soif de gloire. Ney, qui vient de recevoir le titre de prince de la Moskowa, a réorganisé l'armée à Hanau. Il prend une part très-active et se distingue aux glorieuses journées de Lutzen, de Bautzen et de Dresde ; chacune de ces batailles est un triomphe pour le maréchal. A l'attaque du village de Kaya, qui fut si meurtrière et où tous les généraux furent tués ou blessés, le maréchal Ney veut enlever une compagnie de jeunes voltigeurs, tête de colonne, qui hésitaient ; il prend un pompon de voltigeur, le met sur son chapeau et s'écrie : Vous allez me recevoir voltigeur à la compagnie ; vous ne laisserez pas votre camarade en arrière... et il les entraine dans le village, dont il se rend maître.

Près de Bautzlau, il attaque et culbute le général russe Sacken et lui fait un grand nombre de prisonniers ; puis il marche sur Dessau, d'où il chasse les Suédois, et se retire sur la rive gauche de la Mulda, chasse les Prussiens de toutes les positions qu'ils occupent et leur enlève trois pièces de canon. Il combattit avec sa valeur accoutumée aux journées de Leipsick. Blessé d'un boulet de canon à l'épaule droite, renversé de cheval pendant qu'il lutte au nord de la ville contre l'armée de Silésie, il est emporté hors du champ de bataille. Dans cette campagne, il s'est montré à la hauteur de sa réputation, et partout et toujours, a soutenu l'honneur des armées françaises.

Pendant la guerre de 1814, alors que le territoire français est envahi, Ney soutient encore l'éclat de nos armes aux batailles de Brienne, Montmirail, Craonne,

Prince de la Moskowa.

(1814).

Châlons-sur-Marne, et on le voit, pendant toute cette campagne, disputer le terrain pied à pied aux puissances alliées.

Après l'acte d'abdication du 5 avril, en faveur du roi de Rome, le maréchal Ney fut choisi pour diriger la négociation avec le duc de Vicence et le maréchal Macdonald. Ney reçut, avec ses instructions, une lettre du major-général prince de Neuchâtel, qui lui disait : « Ce n'est pas à un homme d'un caractère aussi élevé que le vôtre que l'empereur croit devoir donner d'autres instructions. »

Après le refus de cette première abdication, Ney est choisi par l'empereur pour commander en chef la garde impériale, dont lui sont confiés les intérêts. Enfin, c'est encore le maréchal prince de la Moskowa que Napoléon a chargé de conclure un armistice et d'arrêter la limite qu'il voudra fixer. Toutes ces marques d'estime et de confiance ne font-elles pas tomber ces bruits absurdes que de détestables historiens ont voulu accréditer, disant que le maréchal Ney a abandonné l'empereur à Fontainebleau et qu'il n'est pas revenu pour lui dire *adieu?* Le maréchal n'a pas abandonné l'empereur ; il a été envoyé par lui en mission à Paris, et ce sont les soins de cette mission qui l'ont forcé à y rester, après toutefois être revenu à Fontainebleau rendre compte du résultat de la négociation d'abdication conditionnelle.

Le 7 avril, l'empereur ayant de nouveau abdiqué sans condition, le maréchal Ney fut traité comme tous ses collègues avec la distinction que ses grands services lui avaient mérités et que l'intérêt de la royauté nouvelle prescrivait.

Bientôt un événement immense et jusqu'alors inconnu dans les fastes d'une nation, vint mettre à une difficile épreuve la fidélité du prince de la Moskowa et d'un grand nombre de ses frères d'armes. Napoléon partit de l'île d'Elbe avec quatre cents hommes; et l'aigle, avec ses couleurs nationales, vola de clocher en clocher jusqu'aux tours de Notre-Dame.

Le maréchal Ney ayant reçu l'ordre de se rendre dans son gouvernement, passa à Paris, se présenta devant le roi et promit de s'opposer de tout son pouvoir à l'invasion de Napoléon. Il réunit quelques troupes, se mit à leur tête, et se dirigea sur Lyon. Jusqu'au 12 mars, la conduite du maréchal ne démentit point ses promesses; mais, dans la nuit du 12 au 13, deux émissaires de Napoléon lui apportèrent une lettre dans laquelle l'empereur, tout en lui rappelant les preuves de dévouement qu'il avait naguères reçues de lui, le chargeait d'exécuter les ordres qu'il lui faisait transmettre. Le maréchal signa, dans cette même nuit, une proclamation adressée aux troupes sous son commandement (Note 7) et se mit en route pour aller au devant de Napoléon.

Des corps d'armée sont formés; les commandements en sont donnés à des généraux du choix de l'empereur. Le 11 juin, à onze heures du soir, le maréchal Ney reçoit l'ordre de joindre l'armée; le 12, dès le matin, il se rend à son poste, et le lendemain il couche à Avesnes.

Le 15, à dix heures du matin, il part, et, sur sa route, il est accueilli par les propos flatteurs des vieux soldats, qui se réjouissent de revoir parmi eux le *rougeot* qui les a si souvent conduits à la victoire. A sept heures du soir, il est près de l'empereur, qui le reçoit avec affection et lui donne le commandement des 1er et 2e corps d'infanterie et de deux régiments de sa garde, *dont il ne doit pas se servir* et qu'il doit toujours garder en réserve.

Les vœux du maréchal étaient remplis, il avait un corps d'armée ; il oubliait qu'il n'y a rien de pire, pour un général, que de prendre le commandement d'une armée la veille d'une bataille.

Dès lors, la lutte va commencer ; elle doit être héroïque. La postérité devra lire, avec admiration et respect, ces prodiges de valeur qui anéantissent les bataillons ennemis ; elle reconnaîtra avec enthousiasme ce vainqueur du monde donnant des ordres successifs, allant d'une ligne à l'autre enfoncer les carrés ennemis, revenir présider à cette superbe résistance ; et, tantôt général, tantôt soldat, donner l'espoir aux courages abattus et rendre l'élan aux troupes harrassées de fatigue. La postérité, qui voit tout sans le délire de la passion, montrera le maréchal Ney, conduisant l'aile gauche de l'armée, se dévouant à chaque instant pour le salut de la patrie, culbutant des escadrons ennemis, empêchant les deux armées alliées de se joindre et s'opposant à leur marche victorieuse.

Dans un moment il commande à dix-huit mille hommes. Il est une heure de l'après-midi (le 16 juin) ; depuis le matin, il lutte avec avantage contre vingt-cinq mille hommes, défendus par une nombreuse artillerie. Il s'empare de la position des Quatre-Bras ; mais la division Kellermann, qui garde cette position, ne peut plus résister ; elle recule devant l'infanterie anglaise. Une grêle de balles tombe sur nos cavaliers. Le général Kellermann est démonté ; le désordre se met dans sa troupe naguère victorieuse ;........ l'ennemi avait alors cinquante mille hommes aux Quatre-Bras.

Mais le maréchal Ney ne voit pas le premier corps arriver à son secours ; Napoléon l'a fait venir près de lui, dans la direction de Saint-Amand.

Ligny est pris et repris plusieurs fois.

Le 18 juin, le temps s'est éclairci, le soleil commence à sécher les terres inondées par la pluie, qui n'a pas cessé de tomber depuis la veille. Vers une heure, l'engagement devient général. Le maréchal Ney commande l'attaque du centre sous le feu de la grande batterie.

Mais la lutte est inégale. Ney fait demander de nouvelles troupes à l'empereur ; Napoléon lui fait répondre : Où voulez-vous que j'en prenne ? voulez-vous que j'en fasse ?... Ney marche, et, dans un suprême effort, prend possession d'une ferme qui couvre le centre de l'ennemi. Napoléon alors, qui a vu cette marche audacieuse, envoie à son brave lieutenant quatre bataillons de la garde. Le succès de l'ennemi est ralenti ; mais cette troupe a bientôt payé de sa vie l'audace d'une défense devenue désormais impossible. Il est trop tard, tout est inutile ; les ennemis, six fois plus nombreux que nous, marchent dès lors sans obstacles. Le jour tombe, le désordre se met dans nos rangs ;.... la garde elle-même ne peut plus résister..... elle suit le torrent qui l'entraîne bientôt sur une route couverte de fuyards.

Ney arrive à Paris, se rend à la Chambre des Pairs et expose, avec une entière franchise, le tableau des désastres de l'armée.

Mais Napoléon abdique une seconde fois et le maréchal se retire dans le département du Lot, où vient le surprendre la fatale ordonnance royale qui le place à la tête de la première catégorie.

Ney traduit devant un conseil de guerre.

Le maréchal Ney est bientôt traduit devant un conseil de guerre dont la présidence est déférée de droit au brave maréchal Moncey, doyen des maréchaux (21 août 1815).

Moncey refuse et écrit cette remarquable lettre dans laquelle il expose au Roi toute sa pensée sur le fatal procès, et où nous remarquons les passages suivants : « Placé dans la cruelle alternative de désobéir à Votre Majesté ou de manquer à ma conscience, je dois m'expliquer. Je n'entre pas dans la question de savoir si le maréchal Ney est innocent ou coupable; votre justice et l'équité de ses juges en répondront à la postérité qui pèse dans la même balance les rois et les sujets. Si ceux qui dirigent vos conseils ne voulaient que le bien de votre Majesté, ils lui diraient que l'échafaud ne fit jamais des amis. Croient-ils donc que la mort soit si redoutable pour ceux qui la bravèrent si souvent?.....................

« Qui, moi, j'irais prononcer sur le sort du maréchal Ney ! Mais, Sire, permettez-moi de demander à Votre Majesté où étaient les accusateurs tandis que Ney parcourait tant de champs de bataille? Ah ! si la Russie et les alliés ne peuvent pardonner au prince de la Moskowa, la France peut-elle donc oublier le héros de la Bérésina ?

« C'est à la Bérésina, Sire, que Ney sauva les débris de l'armée. J'y avais des parents, des amis, des soldats, enfin, qui sont les amis de leurs chefs; et j'enverrais à la mort celui à qui tant de Français doivent la vie, tant de familles leurs fils, leurs époux, leurs frères ! Non, Sire, et s'il ne m'est pas permis de sauver mon pays, ni ma propre existence, je sauverai du moins l'honneur?. . . »

Moncey fut destitué et condamné à trois mois d'emprisonnement. Il se rendit à Ham où le suivit l'admiration des Français (*). Masséna fut nommé président ; Masséna se fit récuser. Jourdan lui succéda et après deux séances, le conseil de guerre, se déclara incompétent.

Le maréchal Ney demanda et obtint d'être jugé par la chambre des Pairs.

Les défenseurs étaient MM. Berryer et Dupin.

Le maréchal Ney avait été arrêté malgré l'article 12 de la convention du 3 juillet ; il écrivit aux ambassadeurs des quatre grandes puissances alliées, une lettre dans laquelle il rappelait cette convention qui devait le mettre à l'abri de toute persécution.

Ce procès inique, inouï dans les fastes de la France, avait produit une si vive impression que l'on s'écriait de toutes parts : « Victime d'une irrésistible fatalité, le malheureux Ney n'a-t-il pas succombé sous le poids d'une situation sans exemple ? Ne s'est-il pas jeté dans le torrent, entraîné comme toute la France, subjugué par l'ascendant d'un héros que les souverains de la terre avaient déifié par leurs hommages ! »

Ney traduit devant la chambre des pairs.

(*) M. L.-J.-G. de Chénier, avocat, chef du bureau de la justice militaire au ministère de la guerre, a publié l'éloge historique du maréchal Moncey, qui a obtenu une médaille d'or au concours ouvert par l'Académie de Besançon.

« La postérité qui est toujours équitable, parce qu'elle est sans passion, ne s'élèverait-elle pas contre un arrêt trop sévère ? Et si le maréchal Ney succombait, la muse de l'histoire ne graverait-elle pas sur sa tombe cette épitaphe réparatrice : *Ci-gissent vingt-cinq ans de gloire et un jour d'erreur.* »

Le 21 novembre arrive : la chambre des Pairs est transformée en tribunal de haute justice, et tous les yeux observent une inscription légendaire placée en face du président et portant ces trois mots :

SAGESSE, TOLÉRANCE, MODÉRATION.

Le maréchal était accusé de haute trahison et d'attentat contre la sûreté de l'état. MM. Berryer et Dupin prennent successivement la parole. M. Bellart remplit les fonctions de ministère public. Les séances se succèdent rapidement, les 23 novembre, 4, 5 et enfin 6 décembre.

Les deux défenseurs s'attachent à prouver que la défection du maréchal n'a été ni préméditée, ni entièrement volontaire, puisque son armée demandait à grands cris de se joindre à Napoléon et que nulle résistance du chef, selon toute probabilité, n'aurait pu vaincre une si aveugle et si fatale résolution.

M. Berryer termine ainsi sa remarquable plaidoirie : « Je crois avoir complétement justifié M. le maréchal Ney sur le fait de la préméditation dans le crime qui lui est imputé ; je crois avoir démontré jusqu'à la dernière évidence que le maréchal n'avait rien prévu, rien médité. Dans toute sa conduite, dans toutes ses actions, il n'a eu d'autre objet en vue que la patrie. Quelle que soit la nature des gouvernements qui se sont succédés en France, le maréchal Ney, dans tous ces orages politiques, n'a jamais cessé d'être guidé par l'amour de son pays. Rappelez-vous, Messieurs, avec quelle franchise il eut le courage, devant les représentants de la nation, de ne dissimuler aucun des périls qui nous environnaient de toutes parts après la bataille de Waterloo. »

« Le maréchal Ney n'a jamais connu qu'un souverain au monde, la patrie : ce fut elle qui fut constamment l'objet de son culte sacré. Cette vérité incontestable et démontrée d'ailleurs par tant d'actions, doit faire écarter toute idée de criminalité de la part du maréchal. Encore un coup, il faut attribuer exclusivement le fait, reproché au maréchal, au désir ardent qu'il avait d'éviter que les Français répandissent le sang des Français.» Puis il termine en invoquant la foi du traité du 3 juillet.

Le président interdit alors aux défenseurs de raisonner d'un traité auquel le roi n'a eu aucune participation.

M. Dupin se lève et dans une chaleureuse et énergique improvisation s'exprime ainsi : « Nous avons trop de respect pour les décisions de la Cour, pour nous permettre aucune réflexion sur l'arrêt qu'elle vient de rendre : l'observation que je veux faire maintenant ne se rapporte qu'au dernier traité, celui du 20 novembre, qu'il est assurément permis d'invoquer ; en vertu de ce traité, Sarrelouis ne fait plus partie de la France, et nous avons vu que les individus nés dans un pays cédé à un autre avaient besoin de lettres de naturalisation pour conserver les droits attachés à leur état primitif.

M. le maréchal Ney est né à Sarrelouis ; il n'est pas seulement sous la protection des lois françaises, il est sous la protection du droit général des gens. Il est toujours Français d'intention, mais il est né dans un pays qui n'est plus soumis au Roi de France ; j'ai cru devoir faire cette observation dans l'intérêt de M. le maréchal. »

En ce moment, le maréchal s'est levé avec vivacité, et a dit : « Oui, Messieurs, je suis Français, je saurai mourir Français. Jusqu'ici, ma défense a paru libre ; je m'aperçois qu'on l'entrave à l'instant. Je remercie mes généreux défenseurs de ce qu'ils ont fait et de ce qu'ils sont prêts à faire ; mais je les prie de cesser plutôt de me défendre tout à fait que de me défendre imparfaitement : j'aime mieux n'être pas du tout défendu que de n'avoir qu'un simulacre de défense.

» Je suis accusé contre la foi des traités, et on ne veut pas que je les invoque !

» Je fais comme Moreau, j'en appelle à l'Europe et à la postérité. »

Enfin, après cinq heures et demie de délibération, la chambre des pairs rend un arrêt qui condamne à la peine de mort le maréchal Ney, duc d'Elchingen, prince de la Moskowa, pair de France, grand'croix de la Légiond'Honneur, chevalier de Saint-Louis, officier de la Couronne de fer, grand'croix de l'ordre du Christ.

Le maréchal dormait profondément quand on vint lui lire son jugement. Pendant cette lecture, lorsqu'il entendit ses titres de duc, de prince, il dit : A quoi bon tout cela ? Dites Ney, Michel Ney, bientôt un peu de poussière. Alors un vieux grenadier, qui avait servi longtemps sous ses ordres, qui l'avait suivi dans les plaines glacées de Russie, s'est approché et lui a dit : « Monseigneur, j'ai dû quelquefois penser à la mort et j'ai toujours pensé à Dieu en même temps. — Tu as raison, lui répond le maréchal, tu es un brave homme. »

Ses derniers moments furent affreux ; mais, disons-le hautement, le maréchal s'est toujours montré avec une grandeur d'âme, une résignation que l'idée de la mort ne put lui ôter.

Après avoir eu quelques instants d'entretien avec le digne curé de Saint-Sulpice, il reçut sa femme et ses enfants.

A peine sa famille était-elle partie, qu'on vint le chercher pour le conduire au supplice. Il était neuf heures du matin. Il ne voulut pas avoir les yeux bandés et répondit : « Ignorez-vous que depuis vingt-cinq ans j'ai l'habitude de regarder en face la balle et le boulet ? »

Dans ce moment suprême, le maréchal, toujours calme, dit à haute voix et en élevant la main vers le ciel :

« Je proteste, devant Dieu et la patrie, contre le jugement qui me condamne. J'eusse mieux aimé mourir pour mon pays ; mais c'est encore ici le champ d'honneur. Vive la France ! »

Bientôt l'ordre de tirer est donné aux vétérans. Ney, qui a entendu cet ordre, s'écrie, en mettant la main sur son cœur : « Soldats, hâtez-vous et tirez-là. » Au même instant, le maréchal est tombé, frappé au cœur par six balles. La Restauration ne sachant à qui confier le soin de l'exécution, n'avait pas voulu en charger un officier français ; on choisit un Piémontais.

Il est fusillé (1815).

Ainsi mourut, à 46 ans, un guerrier illustre, couvert d'honorables blessures, qui avait rendu des services signalés à sa patrie, qui avait mérité l'estime de ses ennemis, l'amitié de ses camarades, l'attachement de ses subordonnés, la reconnaissance de tous.

Napoléon gémissait dans les fers sur un rocher de l'Atlantique. En apprenant le procès de son héroïque lieutenant, il dit : « Ney avait été entraîné par un mouvement général qui lui avait paru la volonté et le bien de la patrie ; il y avait obéi sans préméditation, sans trahison. Des revers avaient suivi ; il se trouvait traduit devant un tribunal, il ne lui restait plus rien à répondre sur ce grand événement. Quant à la défense de sa vie, il n'avait rien à répondre encore, si ce n'est qu'il était à l'abri derrière une capitulation sacrée qui garantissait à chacun le silence et l'oubli sur tous les actes, sur toutes les opinions politiques. »

Le maréchal Ney avait épousé, en 1802, Mlle Auguié, parente d'Hortense de Beauharnais, fille de Joséphine (Note 8).

Ce mariage avait eu lieu d'après le désir du premier consul, qui tenait à rapprocher ainsi le général Ney de sa personne. Joséphine aussi s'en était occupée, et avait voulu combler à la fois les vœux d'un illustre guerrier, et procurer à la jeune amie de sa fille l'existence honorable et brillante qui lui était due et que lui assuraient le rang du général et l'estime dont il était entouré.

Il eut de ce mariage quatre enfants, trois de ses fils ont suivi la carrière des armes (Note 9.)

Nous avons esquissé à grands traits l'éloge du maréchal Ney; nous aurions voulu que les bornes de cet écrit nous permissent d'analyser ces belles pages d'une vie de guerrier pleine de faits glorieux, de grandes leçons, de beaux exemples. Général en chef, maréchal de France, premier inspecteur général de cavalerie, Ney s'est honoré dans toutes ces grandes positions et les a honorées.

Mais si nous avons fait connaître l'homme public, que dirons-nous de l'homme privé. C'est dans son intérieur, dans sa famille intime, qu'est l'une des plus belles pages de sa vie; c'est là qu'on le trouve dans tout le luxe de ses brillantes et solides qualités. Ceux qui l'ont connu diront, en interrogeant leurs souvenirs, sa douceur, son affabilité. Jamais homme ne sut mieux oublier son rang et se mettre au niveau de ceux qui l'approchaient.

Fils dévoué, époux tendre et sûr, père généreux, le maréchal Ney formait l'assemblage de toutes les qualités morales qui font l'homme de bien.

Bienveillant pour tous, jamais il ne refusa de donner ses conseils au brave qui les demandait; le maréchal Ney a mené pendant 25 ans, une vie d'abnégation et de dévouement. Son nom était profondément respecté dans toute l'armée.

Doué d'un esprit droit et juste, d'une valeur calme et brillante, d'une activité et d'une énergie à toute épreuve, Ney se fit surtout remarquer par la précision, l'exactitude et une obéissance passive.

On peut dire de Ney ce que Fléchier disait de M. de Turenne : « Où brillent avec plus d'éclat les effets glorieux de la vertu militaire, conduites d'armées, siéges de places, prises de villes, passages de rivières, attaques hardies, retraites honorables, campements bien ordonnées, combats soutenus, batailles gagnées, ennemis vaincus par la force, dissipés par l'adresse, lassés et consumés par une sage et noble patience? Où peut-on trouver tant et de si puissants exemples, que dans les actions d'un homme sage, modeste, libéral, désintéressé, dévoué au service du prince et de la patrie, grand dans l'adversité par son courage, dans la prospérité par sa modestie, dans les difficultés par sa prudence, dans les périls par sa valeur, dans la religion par sa piété? »

NOTES

ET

PIÈCES JUSTIFICATIVES.

NOTE 1, PAGE 6.

Le père du maréchal Ney est mort en 1826, sans avoir
su la fin tragique de son fils. Quoique d'une force extraordinaire, se livrant à de longues marches et à de violents
exercices, on craignit pour lui la secousse de 1815. Il
n'en fut pas instruit; les vêtements de deuil de sa fille qui
vivait avec lui, ceux de ses petits enfants, lui apprirent
seuls qu'un grand malheur l'avait frappé; il n'osa ques-
tionner personne; et depuis, sombre, triste, il ne pronon-
çait plus que rarement le nom de son malheureux fils.

NOTE 2, PAGE 7.

Gillet, représentant du peuple près l'armée de Sambre-
et-Meuse.

Sur le compte qui lui a été rendu des talents militaires
et du patriotisme du citoyen Ney, capitaine au 4e régiment
d'hussards, nomme ledit citoyen Ney au grade d'adjudant-
général, chef de bataillon, dont il fait déjà le service, auprès du général Kléber, commandant de l'aile gauche de
l'armée.

« Signé, GILLET. »

14 thermidor, an II (1er août 1794).

Note 3, page 10.

« Du quartier général d'observation , Ingelheim, le 22 nivôse an III (10 février 1795).

» Le général de division Kléber, commandant le corps d'armée sous Mayence.

» Certifie que le citoyen Ney, adjudant-général chef de brigade, a commandé avec distinction des corps de cavalerie, pendant toute la campagne, à l'armée de Sambre-et-Meuse ; que, dans toutes les opérations dont il a été chargé, il a montré un courage intrépide et une intelligence consommée , particulièrement au siége de Maëstricht , où sa valeur a rendu de très-grands services à la chose publique ; qu'étant venu volontairement à l'armée devant Mayence , pour coopérer à la prise de cette place, il a reçu, dans une sortie, un coup de feu qui suspend son activité jusqu'au rétablissement de sa santé.

« KLÉBER. »

Note 4, page 16.

Le Directoire exécutif au général de brigade Ney , employé à l'armée de Sambre-et-Meuse.

« Le Directoire exécutif a été vivement affecté, citoyen général, de l'accident qui vous a fait tomber au pouvoir de l'ennemi. L'impétuosité de votre courage devant Giessen et les manœuvres brillantes que vous avez faites à la tête des escadrons que vous commandez , lui rendent encore cet événement plus sensible. Il espère que l'armée reverra bientôt l'un de ses plus audacieux officiers-généraux, et dont le général en chef regrette particulièrement l'absence.

» Letourneur, président. »

Paris, le 12 floréal, an V (1er mai 1797).

NOTE 5, PAGE 19.

« Le Directoire exécutif vient de me forcer de prendre provisoirement le commandement en chef de l'armée, en remplacement du général Müller rappelé à Paris. Vous connaissez l'insuffisance de mes moyens militaires pour occuper un emploi de cette importance, surtout dans une situation aussi critique. Je serai peut-être victime de mon dévouement ; mais dans l'état où sont les choses, il ne m'était pas permis de refuser. Je réclame votre sollicitude pour la conservation des troupes confiées à vos soins, comme je demande pour moi votre bienveillance particulière. Je dois du reste vous prévenir que j'ai formellement déclaré au Directoire que je ne conserverai le commandement qu'une décade.

» Le général Ney. »

NOTE 6, PAGE 21.

« Général,

» Au moment où vous allez nous quitter, où moi-même je me dispose à remettre les fonctions de ma charge, permettez que je remplisse un devoir bien doux à mon cœur, celui de vous parler, général, du bien que vous nous avez fait, et de notre reconnaissance.

» Ce n'est pas seulement l'expression de mes sentiments particuliers que je veux vous offrir ; placé depuis dix mois dans des relations infiniment agréables avec vous, il est tout simple, que j'en aie remporté pour vous beaucoup d'estime et beaucoup d'attachement.

» Mais aujourd'hui, magistrat de la Suisse entière, c'est en son nom que je dois parler.

» Tous les cantons informés de votre départ m'en ont témoigné les regrets les plus vifs. Ils apprécient tous la part que vous avez eue aux changements avantageux que cette année a vû naître. La Suisse pacifiée, l'ordre rétabli partout, la diversité des opinions se fondant chaque jour dans un esprit de modération et d'harmonie, notre marche assurée au dedans, nos relations au dehors devenues plus certaines et plus honorables, celles avec la France en particulier consignées dans deux traités, que nos pères eussent acceptés comme nous ; voilà, général, ce que nous devons en grande partie à vos soins. La Suisse heureuse et tranquille par la médiation ne séparera point votre nom de celui du médiateur lui-même.

. . . .

» *Le landamman de la Suisse,*

» Signé, Louis d'AFFRY.

» *Le chancelier de la confédération,*

» Signé : MOUSSON. »

Fribourg, 28 décembre 1803.

Note 7, page 43.

« Officiers, sous-officiers et soldats,

» La cause des Bourbons est à jamais perdue. La dynastie légitime que la nation française a adoptée va remonter sur le trône. C'est à l'Empereur Napoléon, notre souverain, qu'il appartient seul de régner sur ce beau pays ! Que la noblesse des Bourbons prenne le parti de s'expatrier encore ou qu'elle consente à vivre au milieu de nous, que nous importe ! La cause sacrée de la liberté et de notre indépendance ne souffrira plus de son influence. Il ont voulu avilir notre gloire militaire, mais ils se sont trompés ; cette gloire est le fruit de trop nobles travaux pour que nous puissions jamais en perdre le souvenir.

» Soldats ! les temps ne sont plus où l'on gouvernait les peuples en étouffant tous leurs droits ; la liberté triomphe enfin ; Napoléon, notre auguste Empereur, va l'affermir pour jamais. Que désormais cette cause si belle soit la nôtre et celle de tous les Français, et que tous les braves que j'ai l'honneur de commander se pénètrent de cette grande vérité.

» Soldats ! je vous ai souvent menés à la victoire ; maintenant je veux vous conduire à cette phalange immortelle que l'Empereur Napoléon conduit à Paris, et qui y sera sous peu de jours, et là notre espérance et notre bonheur seront à jamais réalisés. Vive l'Empereur ! »

Le Maréchal d'Empire,

Signé : Prince DE LA MOSKOWA.

Lons-le-Saunier, 13 mars 1815.

Note 8, page 52.

Nous publions en entier une lettre de l'Impératrice Joséphine, au sujet de ce mariage :

« Je vous envoie, général, la lettre que vous m'avez demandée pour le citoyen Auguié. Je vous engage à en prendre communication. Je n'ai pas dit tout le bien que je sais et que je pense de vous ; je veux laisser à cette estimable famille la satisfaction de reconnaître elle-même tous vos avantages ; mais je vous réitère ici l'assurance de l'intérêt que Bonaparte et moi prenons à ce mariage, et du contentement avec lequel il pense qu'il assurera le bonheur de deux personnes pour lesquelles il a une bienveillance et une estime particulières. Je partage avec lui ce double sentiment.

» LAPAGERIE BONAPARTE »

» Malmaison, 10 prairial an X (30 mai 1802). »

Note 9, page 52.

De ce mariage il eut quatre fils. L'aîné, Napoléon-Joseph Ney, prince de la Moskowa, aujourd'hui colonel de cavalerie, sénateur, qui s'est marié avec Mlle Jacques Lafitte et dont la fille, Mlle Albine-Marie-Napoléone-Eglé Ney de la Moskowa, vient d'épouser M. Fialin de Persigny, ministre de l'Intérieur, de l'Agriculture et du Commerce ; le second, Michel-Louis-Félix Ney, duc d'Elchingen, longtemps officier d'ordonnance du duc d'Orléans est aujourd'hui général de brigade ; le troisième, Eugène Ney, est mort en 1845, ministre plénipotentiaire de France au Brésil.

Depuis que nous avons mis la dernière main à cette biographie et au moment de la livrer à l'impression, nous avons eu le bonheur de lire dans la *Revue de l'Empire*, le discours qui a été prononcé sur la tombe prématurément ouverte, du comte Eugène Ney : nous sommes heureux de le reproduire ici :

« Cette sépulture toute simple, toute modeste, a dit M. Mocquard, nous avertit bien haut néanmoins de la présence d'une ombre illustre qu'il faut se faire violence pour l'oublier un peu, autrement la douleur n'aurait pas ici ses droits, comme l'admiration. Que la gloire fasse donc silence un moment ; qu'elle laisse l'amitié éplorée payer au mérite paisible le tribut de ses larmes et de ses regrets.

» Eugène Ney, le troisième des fils du maréchal, suivant les degrés de la naissance, le premier aujourd'hui dans l'ordre de la mort, reçut en 1815, vers sa neuvième année, les semences vigoureuses de cette éducation qu'inaugurait la terrible sentence dont un tribunal politique frappait sa famille. Son esprit en profita comme son âme, et son intelligence grandit avec ces sentiments. De bonne heure il envisagea la vie par le côté sérieux et noble.

» La diplomatie, carrière de son choix, le trouva donc tout préparé. D'autres s'y vantent assez souvent de leurs richesses, lui se faisait honneur du seul héritage de la gloire ; d'autres se dressent aux souplesses de l'intrigue, lui s'exerçait à l'inflexibilité de la droiture ; lorsque d'un seul coup et presque en un jour la fortune en porte quelques-uns aux sommités, lui à travers les bonnes et les mauvaises épreuves cheminait paisiblement, lentement et par degré, comme le talent consciencieux.

» Voilà Eugène Ney tel qu'il n'a cessé de se montrer à

Turin, où l'ascendant de l'Autriche exige une réserve habile ; en Grèce, où les conventions de la liberté veulent, avec les instincts généreux qui la secondent, la prudence qui en consolide l'avenir ; au Brésil, où il faut toujours de la dignité, parce qu'on s'y trouve en face d'une nation rivale qui a toujours de l'orgueil.

» Quand la diplomatie ne l'appelait pas à tel ou tel poste, l'ardeur de l'étude l'envoyait dans toutes les parties de l'univers, jusqu'à Para, jusqu'au Chili, c'était là un entraînement heureux. Comme il comprenait toute la responsabilité imposée par le nom paternel, il travaillait sans cesse à se donner du mérite pour la justifier. Aussi, que de témoignages n'a-t-il pas recueillis en Europe et en Amérique, au sein de nos cours civilisées, et parmi les peuplades à demi-sauvages : sur tous les points du globe on a voulu voir, connaître, honorer le fils du *brave des braves*, d'abord par curiosité, plus tard par estime.

» Ah ! sans doute, il est bien cruel le sort qui nous enlève à la famille quand elle nous chérit tant, à une carrière quand nous allons atteindre le but, à la vie quand nous entrons dans sa pleine maturité. Qu'elle dut cependant être douce au cœur d'un fils cette destinée de parcourir les deux mondes, pour y constater que son père y vit glorieusement dans la mémoire des hommes.

» Je pourrais parler ici de la culture des arts, de l'aménité des manières, du charme de la conversation, de ces agréments qui ornent le mérite et qui ne le font pas ; le véritable devant cette tombe et pour le descendant de celui qui prodigua son sang sur les champs de bataille, est d'avoir été un citoyen aussi utile à la patrie qu'on lui a permis de l'être. Oui, elle a un digne enfant de plus à regretter, puisqu'il la servait comme elle veut, comme elle devrait être servie.

» Cette probité rigide, ce caractère ferme ne peuvent être comparés qu'à la sérénité de sa mort. Lorsqu'au Brésil il la vit s'approcher et lui donner des avertissements sinistres, le soin de sa santé l'occupa moins que le regret de la patrie et de la famille. A deux mille lieues de la terre natale et des siens, il ressentait comme l'avant-goût amer de ces existences terminées dans l'exil. Et pourtant il hésitait à partir. Le devoir était là, les médecins durent le chasser vers la France, car lui aussi était de ceux qui savent mourir à leur poste.

» Et vous maintenant La Moskowa, vous d'Elchingen, vous Edgard, puisque désormais votre frère Eugène ne doit plus répondre lorsque la Maréchale fera l'appel de sa famille, ne frémissez du vide funeste fait dans vos rangs que pour les resserrer plus indissolublement encore, en songeant combien la fatalité s'appesantit sur celle qui vous donna le jour, elle qui après avoir été épouse si infortunée, depuis hier est devenue mère malheureuse.

» Adieu, Eugène, puisses-tu reporter à ton illustre père ce que tu as appris chaque jour de ta trop courte existence. La postérité ratifie de plus en plus le titre de *brave des braves*, cette distinction inspirée au génie par l'héroïsme ; l'opinion de la France acquitte chaque jour la dette contractée envers le sauveur de tant de milliers de ses frères d'armes ; l'équitable avenir se charge du monument que la politique ne rougit pas d'ajourner, et dans nos annales la justice publique l'élève plus magnifique, le fait plus durable que ceux qui se tirent du marbre et de l'airain. — Adieu encore, Eugène. »

Le quatrième fils , Napoléon-Henri-Edgard Ney, est aujourd'hui colonel de cavalerie, aide-de-camp du prince Louis-Napoléon, président de la République.

En 1829, un grand nombre d'habitants notables de Sarrelouis ayant souscrit pour qu'une pierre monumentale indiquât le lieu de naissance du maréchal Ney, la haute régence prussienne, séant à Coblentz, y consentit et l'on incrusta dans la façade de la maison où ce guerrier a vu le jour, un marbre portant l'inscription suivante : « *Ici est né le maréchal Ney.* »

Le gouvernement de juillet voulant protester contre le jugement du maréchal Ney, avait appelé son fils aîné, le prince de la Moskowa, à la pairie. A plusieurs reprises, le prince de la Moskowa avait fait retentir la tribune de ses protestations énergiques contre cet acte inique, qualifié d'assassinat par le brave Exelmans, lors du procès de Carrel.

Le gouvernement provisoire, et le président de la République depuis, ont décidé qu'un monument serait élevé à la mémoire du maréchal sur le lieu même où il a été exécuté.